LE CANON

DE

L'EMPEREUR

Prix : 1 franc

PARIS

LEDOYEN, LIBRAIRE, PALAIS-ROYAL, 31, GALERIE D'ORLÉANS

1853

Impr. Maulde et Renou, rue de Rivoli, 116.

INVENTAIRE
V 33.845

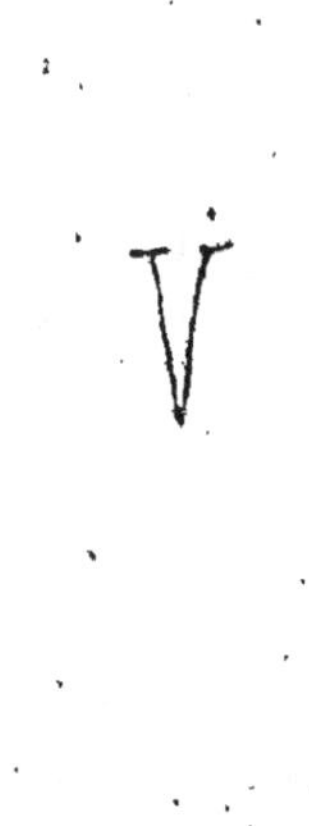

DÉPÔT LÉGAL
N° 8222.
1883

LE CANON DE L'EMPEREUR

PARIS, TYPOGRAPHIE MAULDE ET RENOU, RUE DE RIVOLI, 144.

LE CANON

L'EMPEREUR

PARIS

LEDOYEN, LIBRAIRE, PALAIS-ROYAL, 31, GALERIE D'ORLÉANS.

—

1853

CANON DE L'EMPEREUR

I

Artillerie de campagne. — Système actuel. — Travaux de Napoléon III sur l'artillerie. — Canon-Obusier de 12.

L'artillerie à feu, en usage depuis cinq siècles, n'a rien changé aux principes fondamentaux, aux grandes combinaisons et à la conduite générale de la guerre, les mêmes dans tous les temps et quelles que soient les armes; mais elle a singulièrement modifié l'art des combats, la fortification, l'attaque et la défense des places. Les progrès de ces diverses branches de la science militaire ont été la conséquence directe de ceux de l'artillerie. On ne saurait donc attacher trop d'importance à tout ce qui rend l'emploi et l'action des bouches à feu plus faciles et plus sûrs.

Les progrès de l'artillerie ont été lents ; il a fallu une longue expérience pour arriver à la simplicité et à la mobilité actuelles. Pendant plusieurs siècles, on ne fait aucune distinction, quant à l'artillerie, entre la guerre de campagne et la guerre de siége, et les armées emmènent avec elles des bouches à feu de toutes sortes, de tous calibres et de tous poids ; des affûts, des voitures à munitions, des attirails de toute espèce. Ces équipages entravent tellement les marches ; les bouches à feu sont si difficiles à faire mouvoir sur le terrain de l'action, leur service est si compliqué et si peu rapide que les plus habiles généraux ont bien de la peine à se servir utilement de l'artillerie. On finit par sentir la nécessité de remédier à de tels inconvénients, et on en cherche les moyens; mais on fait longtemps fausse route, et ce n'est que dans le courant du xviiie siècle qu'on entre dans la vraie voie, en séparant complétement les pièces de bataille de celles de siége, et créant une artillerie de campagne, composée d'un petit nombre de bouches à feu légères, avec des attirails simples et uniformes, qui facilitent le roulage, rendent le tir rapide et régulier, et se réparent promptement. Ces grands perfectionnements, dus surtout à un savant et habile officier français, Gribeauval, ouvrent une ère nouvelle à l'artillerie. Jusque-là elle n'a pu être employée que comme arme auxiliaire, et d'une manière isolée ; maintenant son rôle s'agrandit chaque jour, et Napoléon montre bientôt tout le parti qu'on en peut tirer. Dans les mains de ce maître de la guerre, qui la fait agir, sur les points princi-paux des champs de bataille, par grandes masses d'une puissance décisive, elle devient l'âme des combats. On la regarde dès lors comme le plus sûr moyen de victoire, et il semble qu'elle doive faire désormais la desti-née des peuples. L'avenir seul pourra dire si cette opinion est entièrement fondée, surtout en présence des immenses progrès des armes à feu portatives ; ce qui est certain, c'est que l'emploi de l'artillerie et la combinaison de ses masses avec celles de l'infanterie et de la cavalerie sont devenus l'un des points essen-tiels de l'art de la guerre ; et comme sa puis-sance d'action est subordonnée à la mobilité, à la solidité et à la simplicité de ses attirails, on doit chercher sans cesse à les perfectionner.

L'expérience des grandes et continuelles guerres de 1792 à 1815, et les progrès des arts et des sciences ont été mis à profit pour améliorer l'artillerie de Gribeauval, et, en 1827, on lui en a substitué une plus simple et plus mobile.

Ce système se compose de quatre bouches à feu : deux canons et deux obusiers. Les canons, des calibres de 12 et de 8, sont ceux mêmes de Gribeauval auxquels on n'a rien trouvé à changer. Les obusiers, des calibres de 16^c et de 15^c, sont plus allongés que ceux en usage jusqu'alors, et dont la justesse de tir et l'intensité d'effets étaient fort insuffi-santes. On a ainsi des pièces plus lourdes qu'avant, puisqu'on rejette les canons d'un calibre inférieur au 8, et qu'on augmente le poids des obusiers ; mais elles ont plus de puissance, et l'on apporte tant de perfectionnements à la construction des attirails que, malgré l'augmentation de poids, le système est, dans son ensemble, plus léger et beaucoup plus mobile que l'ancien. Il est surtout plus simple. Deux affûts suffisent pour les quatre bouches à feu, parce que les obusiers sont tels que celui de 16ᶜ peut être monté sur l'affût du canon de 12, et celui de 15ᶜ sur l'affût du canon de 8. Le même avant-train, le même essieu, les mêmes roues servent pour toutes les pièces et pour toutes les voitures, aussi mobiles les unes que les autres, et pouvant se suivre partout.

Ce sont là d'importantes améliorations, mais ne portant guère que sur des détails, et qui sont loin de réaliser les simplifications dont l'artillerie est susceptible. On reste dans l'ordre d'idées où s'est placé Gribeauval, et sous quelques rapports, le nouveau système est aussi compliqué que l'ancien. Il a, comme lui, quatre calibres différents, et forme en réalité deux systèmes, celui du canon de 12 et de l'obusier de 16^c, et celui du canon de 8 et de l'obusier de 15^c. On avait bien aperçu les avantages de la diminution du nombre des calibres, et il avait été proposé un seul canon et un seul obusier; mais cette idée heureuse ne paraît alors qu'une témérité, et est repoussée. Il est toutefois un point essentiel à remarquer dans ce système de 1827, la tendance à rapprocher les obusiers des canons; là est le germe d'un système bien autrement simple, l'unité de calibre, qui ne tarde pas à se produire, et dont l'auteur est le prince Louis-Napoléon Bonaparte, aujourd'hui l'Empereur Napoléon III.

Ce prince s'est livré, dès sa première jeunesse, à de longs et consciencieux travaux sur l'artillerie. Capitaine d'artillerie en Suisse, il publie, en 1835, un *Manuel* à l'usage des officiers de cette arme. Quelques années après, dans la prison de Ham, il entreprend d'écrire, sous le simple titre d'*Etudes sur le passé et l'avenir de l'artillerie*, un ouvrage complet sur les armes à feu, et qui exige les plus patientes recherches historiques, l'art si difficile d'interroger le passé sur les détails, l'union si rare de la science et de l'érudition à la vigueur et à la justesse d'esprit et d'appréciation, en un mot, toutes les qualités de l'écrivain et du penseur. On en peut juger par le plan et la distribution de l'œuvre :

1° Précis historique de l'influence des armes à feu sur le champ de bataille.

2° Précis historique de l'influence des armes à feu dans la guerre de siége.

3° Description technique des progrès et des modifications qu'a subis l'artillerie depuis l'invention de la poudre jusqu'à nos jours.

4° Considérations sur l'avenir de l'artillerie, ou améliorations futures démontrées comme conséquences des progrès qu'a faits l'artillerie depuis 500 ans.

La publication, commencée en 1846, ne comprend encore que les premières parties des précis historiques; elles vont de 1328 à 1643, ou de Philippe de Valois à Louis XIV, et donnent, pour ces trois siècles, les notions les plus exactes sur les armes à feu, sur la fortification et sur tout ce qui concerne l'art militaire. Si l'ouvrage entier ne doit pas être terminé, comme il y a lieu aujourd'hui de le craindre, il est à souhaiter que du moins les précis historiques soient continués jusqu'à nos jours.

En étudiant les vicissitudes de l'artillerie, Napoléon III a constaté qu'elle n'a jamais pu s'améliorer, simplifier ses attirails et ses approvisionnements, devenir plus maniable et plus efficace, qu'en diminuant le nombre et la différence des calibres ; il est arrivé ainsi à l'idée hardie d'un seul calibre, qui, si elle peut être réalisée sans rien sacrifier d'essentiel, doit donner toute la simplification possible. L'unité de calibre conçue, restait à trouver le calibre et à déterminer la bouche à feu capable de remplacer, sous tous les rapports, les deux canons et les deux obusiers en usage. Napoléon III, sachant qu'on peut, sans nuire à l'effet du tir, diminuer la charge actuelle de campagne qui est du tiers du poids du boulet, et que la diminution de la charge permet celle du poids de la pièce, a choisi pour bouche à feu unique le canon de 12 allégé, auquel il donne, pour en indiquer la double destination, le nom de canon-obusier de 12.

Une seule bouche à feu, du calibre de 12, du poids de 660 kilogrammes, montée sur l'affût de 8 actuel, tirant à volonté tous les projectiles, boulet, obus, shrapnel, boîte à balles, et les tirant à la charge du quart, 1 k. 500, sauf l'obus dont la charge ne doit être que de 1 kilog , 225; voilà, ce qu'en 1849, Napoléon III, alors Président de la République, propose de substituer à l'artillerie de campagne de 1827.

Les idées sur lesquelles il appuie ce système ne sont ni entièrement nouvelles, ni purement théoriques, et ont déjà, jusqu'à un certain point, la sanction de l'expérience. La réduction de la charge au quart du poids du boulet, et le tir de l'obus et du shrapnel dans un canon, ont été plus d'une fois essayés avec succès. L'artillerie anglaise et l'artillerie hollandaise ont depuis plusieurs années, dans leurs équipages de campagne, un canon de 12 ne pesant que 600 kilogrammes environ, et tirant à la charge du quart. Mais c'étaient là des faits isolés et auxquels on n'attachait pas grande importance ; il était réservé à Napoléon III de savoir les coordonner, d'en déduire habilement les conséquences et d'en tirer l'idée si heureuse de l'unité de calibre.

On aperçoit facilement tous les avantages d'un système si simple et fondé sur les vrais principes du progrès. Mais il ne suffit pas, pour qu'elles soient adoptées, d'émettre des idées justes ou de produire des inventions utiles. La force de l'habitude, la crainte du

changement, l'amour-propre, l'esprit de parti
ou de coterie, qui ont tant d'empire, même
sur les meilleurs esprits, font passer toute
idée nouvelle, tout progrès, par de dures
épreuves, et leur opposent de tels obstacles,
qu'il faut souvent bien du temps pour réaliser
les améliorations les plus évidentes, et opérer
les plus simples et les plus faciles réformes.
Il en est surtout ainsi lorsque, comme dans
le cas actuel, on renverse vivement les idées
reçues, et que l'on a affaire à des corpora-
tions, souveraines en quelque sorte chez elles,
réputées savantes, et, à ce titre, assez peu
disposées à admettre ou seulement même à
examiner ce qu'elles n'ont pas trouvé. On se
rappelle l'accueil que faisait, il y a quelques
années, l'artillerie aux perfectionnements des
armes à feu, et la lenteur et la mauvaise grâce
qu'elle mettait à se rendre à l'évidence.

On peut croire qu'il en aurait été de même
pour le canon-obusier, sans l'autorité et sans
la force de volonté de son auteur. On comprend que nous n'avons pas à insister sur ce
point délicat; nous nous bornons à constater
le fait et à applaudir au succès, et nous re-
connaissons même volontiers qu'il convient
parfois de faire faire quarantaine aux nouveautés, quelque bonnes qu'elles soient.

Grâce donc à la position de son auteur, le
système de l'unité de calibre pour l'artillerie
de campagne a été promptement examiné et
soumis à des expériences décisives. Les canons-obusiers de 12, destinés à ces expériences, ont été établis dans les conditions
suivantes. Le poids, on l'a déjà dit, a été fixé
à 660 kilogrammes, 220 de moins que celui
du canon de 12, qui est de 880 kilog., mais
de plus que celui du canon de 8, qui est de

580 kilog. La longueur des renforts et de la volée, les tourillons, les embases, les anses, le bouton de culasse, sont ceux du canon de 8, puisque l'affût doit être le même. La longueur de l'âme qui, dans les canons de 12 et de 8 tirant à la charge du tiers, est de 17 calibres, se trouve réduite à 14 calibres et demi, mais elle est suffisante pour la charge du quart. L'axe des tourillons est rapproché de l'axe de la pièce pour affaiblir l'action exercée dans le tir sur la flèche, au logement de l'écrou de la vis de pointage; et l'on a évité l'augmentation de recul qui résulterait de cette disposition en donnant plus de prépondérance à la culasse, ce qui en outre facilite le roulage et empêche la pièce de fouetter sur l'affût dans les mouvements rapides.

II

Les expériences comparatives entre le
canon-obusier de 12 tirant à la charge du
quart, et les quatre pièces actuelles tirant à la
charge ordinaire, ont eu lieu en 1850, 1851 et
1852, dans toutes les écoles d'artillerie. Les
commissions chargées de les exécuter, ont
fait les rapports les plus détaillés, discuté la

valeur relative des deux systèmes et soumis les résultats à l'examen de tous les officiers.

Ces expériences ont porté sur la justesse du tir, sur les effets des projectiles et sur la résistance des affûts.

Dans le tir à boulet, le canon-obusier a la même justesse que le canon de **12**.

Dans le tir à obus, sa justesse est plus que double de celle des obusiers actuels tirant à petites charges ; très supérieure encore à celle de l'obusier de 15^c, mais un peu inférieure à celle de l'obusier de 16^c lorsqu'on les tire à grandes charges. Comme le canon-obusier se dégrade bien moins vite que les pièces actuelles, sa supériorité de justesse est en réalité plus grande que ne l'indiquent ces expériences pour lesquelles on ne s'est servi que de pièces neuves.

Dans le tir à balles, le canon-obusier donne

les mêmes résultats que le canon de 12, mais il a l'infériorité sur les obusiers dont les boîtes contiennent beaucoup plus de balles. Ce n'est pas là un grand inconvénient, puisqu'on tire très-rarement à balles, et on peut d'ailleurs y remédier par l'emploi de balles plus petites que celles du canon de 12 ; la boîte du canon-obusier en contiendra un plus grand nombre, sans augmenter de poids.

La pénétration du boulet de 12 dans les terres est à peu près la même avec le canon-obusier qu'avec le canon de 12 ; la pénétration de l'obus de 12^c n'est pas notablement plus faible que celles des obus de 15^c et de 16^c. Il n'a pas été fait d'expériences sur les effets du boulet et de l'obus du canon-obusier contre la maçonnerie et le bois ; mais on sait que la pénétration du boulet de 12 dans ces matières est presque la même aux charges du tiers et du quart, et l'on doit en conclure que le canon-obusier donnera d'aussi bons résultats que le canon de 12. Quant aux obus, leur effet est à peu près nul contre la maçonnerie et bien inférieur contre le bois à celui des boulets.

L'obus de 12^c étant en usage depuis long-temps, on n'a pas eu besoin de faire de nouvelles expériences sur ses effets d'éclatement comparés à ceux des obus de 15^c et de 16^c. Les petits calibres donnent proportionnellement plus d'éclats que les gros; l'obus de 12^c en donne en moyenne 17; l'obus de 15^c, 22; l'obus de 16^c, 21. Deux obus de 16^c pesant autant que 5 obus de 12^c, ne forment que 42 éclats, tandis qu'avec ceux-ci on en a 85, plus du double. Ici encore, l'avantage est au canon-obusier. On n'a pas de données certaines sur l'effet des projectiles creux éclatant dans les terres et dans les bois ; celui des obus de 15ᵉ et de 16ᵉ est sans doute plus grand que celui de l'obus de 12ᵉ; mais tout porte à croire que le même poids de fonte produit le même effet avec des obus de 12ᵉ qu'avec des obus de 15ᵉ et de 16ᵉ.

Le canon-obusier présente un double avantage sur le système des quatre bouches à feu actuelles pour le tir du shrapnel, nouveau projectile dont l'usage, encore peu répandu, ne peut tarder de devenir général. Le shrapnel, ainsi nommé du nom de l'officier anglais qui l'a inventé, est un obus rempli de balles et qui, éclatant en l'air, laisse les balles animées de sa vitesse et continuant à se diriger dans le sens de sa trajectoire. Comme il pèse autant que le boulet de même calibre, son emploi, dans le système actuel, est impossible avec les obusiers, et ne peut avoir lieu qu'avec les canons. C'est là un inconvénient qui n'existe pas dans le système proposé, et de plus le shrapnel de 12, seul en usage dans ce système, contient beaucoup plus de balles que le shrapnel de 8, et a sur lui la même supériorité de justesse et de portée que le boulet de 12 sur le boulet de 8.

L'affût de 8 résiste aussi bien au tir du canon-obusier de 12, sous tous les angles, qu'à celui du canon de 8. On sait, au contraire, que les obusiers de 15° et de 16° fatiguent beaucoup les affûts actuels, et les mettent promptement hors de service.

Le recul du canon-obusier n'est pas plus considérable que celui des bouches à feu actuelles.

Le chargement, la quantité et le transport des munitions sont un des points les plus importants pour l'artillerie de campagne. Le coffre actuel, chargé en projectiles du canon-obusier, a plus de coups et pèse moins qu'avec les projectiles du canon de 12 et des obusiers de 15ᶜ et de 16ᶜ, mais il a moins de coups et pèse plus qu'avec ceux du canon de 8. Avec 12 caissons et les 6 coffres d'avant-train des pièces, la batterie de 12 (quatre canons de 12 et deux obusiers de 16ᶜ), a 854 coups ; la batterie de 8 (quatre canons de 8 et deux obusiers de 15ᶜ), en a 1204 ; la batterie de canons-obusiers, 1176. Ainsi, pour les munitions, la batterie nouvelle l'emporte de beaucoup sur l'une des batteries actuelles, et n'a vis-à-vis de l'autre qu'une infériorité insignifiante, bien compensée d'ailleurs par la supériorité de justesse et d'effet. La légère augmentation du poids du coffre, 15 kilogrammes environ, est sans importance pour le caisson, voiture beaucoup moins lourde que la pièce, et il est facile d'alléger, à l'occasion, le coffre de l'avant-train de la pièce.

En résumé, le canon-obusier de 12 a plus de justesse, plus d'effet, plus de résistance et de durée que le système de 1827 ; il réunit et concentre, tout en les augmentant, les propriétés diverses des quatre bouches à feu actuelles. Ce ne sont pas là ses seuls avantages ; il en a d'autres que ne constatent pas les expériences faites dans les polygones, mais qui, à la guerre, sont au moins aussi précieux que les premiers, et qui suffiraient, à eux seuls, pour le rendre préférable à ce qui existe. Simple et uniforme dans ses attirails et ses munitions, il prévient les confusions si graves et tous les inconvénients auxquels donne lieu la diversité de batteries, de pièces, de munitions, d'objets de rechange, et qui vont jusqu'à rendre inertes des batteries en-

tières, surtout dans les mouvements préci-
pités et dans les revers, alors que l'action
de l'artillerie est le plus nécessaire. Le canon-
obusier, tirant à volonté toute espèce de projectiles, permet l'emploi simultané, quel
que soit l'effet à produire, de toutes les pièces
dont on dispose, tandis qu'aujourd'hui les
canons sont inutiles quand il faut lancer
des obus, les obusiers quand on doit tirer des
boulets. En un mot, il satisfait mieux aux
vraies conditions de la guerre que tout ce
qu'on a eu jusqu'à ce jour; il est un grand
progrès.

Il rencontre cependant une assez vive oppo-
sition dans le corps de l'artillerie, qui a toujours de la répugnance à changer le matériel
auquel il est habitué. On sait toutes les diffi-
cultés qu'eut à surmonter Gribeauval pour
faire admettre son système, et à quelles inter-

minables discussions donna lieu celui de 1827,
avant et après son adoption. Ce dernier est tout
nouveau et n'a pas même pu faire ses preuves
dans une guerre importante ; les officiers qui
l'ont établi et fait adopter sont encore dans l'artillerie, et quelques-uns y occupent les premiers rangs ; ils ne peuvent voir sans regret
disparaître leur œuvre, et repoussent le canon-
obusier de 12, tout en s'avouant peut-être sa
supériorité. De là une foule de critiques,
d'objections, d'observations sans fondement,
tombant d'elles-mêmes devant les faits, et auxquelles ceux même qui les font n'attachent sans
doute pas beaucoup d'importance. On parle
de l'insuffisance des expériences, du poids
trop considérable de la bouche à feu, de la
faiblesse de la charge, du peu de longueur
de l'âme ; on voudrait plus de munitions, un
obus d'un plus fort calibre, des feux courbes ;

on objecte enfin la dépense occasionnée par le changement de matériel.

Les expériences, continuées pendant trois ans, sont aussi complètes qu'on peut le dé·sirer ; elles étaient d'ailleurs assez inutiles, car les avantages du système proposé, basés sur des principes théoriques incontestables et sur les données les plus certaines de la pratique, ne pouvaient guère faire question pour tout esprit non prévenu.

La vitesse initiale et, par suite, la portée et l'effet n'augmentent pas indéfiniment avec le poids de la charge et la longueur de l'âme. Il est bien établi que la charge du quart avec une longueur d'âme de 14 à 15 calibres, donne à très peu près la même vitesse que la charge du tiers avec une longueur d'âme de 17 calibres, et elle dégrade moins les pièces, diminue le recul, ménage mieux les affûts,

rend le tir plus juste, facilite les approvisionnements. Avant Gribeauval, on donnait
plus de longueur à l'âme, et on tirait à la
charge de moitié et même à la charge du poids
du boulet sans obtenir plus d'effet qu'avec
son système, qui lui-même n'en a pas plus
que celui de Napoléon III (1).

On a vu que les munitions de la batterie de
canons-obusiers sont beaucoup plus nombreuses que celles de la batterie de 12 et presque égales à celles de la batterie de 8. En
prenant, dans leur ensemble, les équipages
actuels dont les batteries de 12 forment au
moins le sixième, on trouve qu'à nombre égal
de caissons, leurs approvisionnements sont
fort inférieurs à ceux des équipages de canons-
obusiers.

L'obus de 12ᵉ suffit dans toutes les occasions
de la guerre de campagne où l'emploi d'un

projectile creux peut être nécessaire. Lorsque
Gribeauval rejeta les canons de 24 et de 16 et
l'obusier de 8 pouces, et lorsqu'en 1827, on
introduisit l'obusier de 15°, on fit contre ces
diminutions de calibre les mêmes objections
qu'aujourd'hui, et cependant, loin d'être un
inconvénient, elles ont été une amélioration.
Ces diminutions, il est vrai, doivent avoir
une limite, mais cette limite n'est certainement
pas dépassée par l'obus de 12°, dont les effets,
avec le même poids de métal, sont au moins
égaux à ceux des obusiers de 15° et 16°, et qui
se lance avec bien plus de justesse. Au reste,
l'obus est loin d'avoir, dans la pratique, les
avantages qu'on lui attribue; tant de causes
l'empêchent d'éclater, que la plupart du
temps il n'agit que comme projectile plein,
et son effet est alors fort médiocre. Les
siéges récents de Rome et de Zaatcha don-

nent la preuve manifeste de ce que l'on avance ici.

Les obusiers actuels ne sont pas plus favorables au tir plongeant que le canon-obusier, et l'on peut dire qu'avec l'un et l'autre système on est réellement dépourvu de feux courbes.

La dépense et le temps nécessaires pour effectuer le changement de matériel sont trop peu considérables pour qu'on en tienne compte. Le nouveau système conserve les affûts de 8, les caissons et toutes les voitures de campagne, les projectiles de 12. Les canons de 12 et les obusiers de 16°, avec leurs affûts, peuvent être affectés à l'armement des places et à la guerre de siége, et ont déjà en partie cette destination dans le système actuel. Les canons de 8, les obusiers de 15° et leurs projectiles sont seuls à supprimer et à remplacer.

Deux mille canons-obusiers, avec environ deux millions de projectiles, formeront un approvisionnement bien suffisant pour les équipages de campagne; on peut les avoir en quinze ou dix-huit mois au plus, et avec une dépense de moins de trois millions de francs.

De tous les reproches faits au canon-obusier de 12, celui d'être trop lourd avait seul quelque réalité et même de l'importance. Cette bouche à feu, telle qu'elle a été déterminée et proposée, pesait 660 kilogrammes, 80 de plus que le canon de 8; augmentation d'autant plus regrettable, qu'on trouve déjà ce canon lui-même un peu lourd. Une très grande légèreté est indispensable à l'artillerie de campagne pour qui la première condition est d'arriver sur le lieu de l'action et d'y arriver rapidement. Une assez forte diminution de poids n'avait pas d'inconvénients essentiels, et la pièce ne doit plus peser que 600 à 620 kilogrammes. Il en résulte une plus grande fatigue de l'affût dans le tir, mais sa force de résistance est encore bien suffisante. On pourrait, d'ailleurs, si cela devient nécessaire, renforcer la flèche, sans rendre plus lourd l'ensemble de l'affût, dont certaines parties, les roues et les ferrures, entre autres, n'ont pas besoin d'avoir d'aussi fortes dimensions que celles qu'on leur donne aujourd'hui.

L'artillerie, malgré sa répugnance aux innovations et ses préventions en faveur du système actuel, a dû se rendre à l'évidence et reconnaître la supériorité du nouveau système. Il faut dire aussi que la fortune politique de Napoléon III est venue un peu en aide à celle de son canon. Après le coup d'État et surtout depuis l'Empire, bien des gens ont trouvé à ce canon des qualités et des avantages qu'ils n'avaient pas aperçus jusqu'alors.

Au commencement de 1853, le comité de l'artillerie a décidé l'adoption du canon de l'Empereur, et la suppression du système actuel, mais en laissant, par manière de compromis sans doute, le canon de 12 et l'obusier de 16ᶜ aux batteries de réserve, et en donnant provisoirement aux batteries à cheval le canon de 8 foré au calibre de 12, ne pesant que 540 kilogrammes environ, et tirant le boulet et l'obus à la charge de 1 k. 225.

Ces modifications n'ont rien d'heureux et ne font que rompre fort mal à propos l'unité de calibre et de système. Les batteries de canons de 12 et d'obusiers de 16ᶜ n'ont aucune espèce d'avantages sur les batteries de canons-obusiers de 12. L'allégement du canon de 8 par le forage au calibre de 12 répond à l'idée favorite d'un certain nombre d'officiers qui, regrettant les petits calibres, et reprochant au canon de 8 d'être trop lourd, demandaient que l'on reprît celui de 6 foré au calibre de 8. Le canon de 8, transformé en canon-obusier de 12, ne pesant que 540 kil. et tirant à la charge du cinquième, est un peu plus mobile que le canon de l'Empereur, et peut suffire en général aux batteries destinées à suivre la cavalerie, mais à celles-là seulement, et dès lors on retombe dans quelques-uns des inconvénients de la diversité de pièces et de munitions.

Quoi qu'il en soit, et malgré ces restrictions que rien ne justifie et auxquelles on renoncera bientôt, le système du canon-obusier de 12 doit être considéré comme accepté et réalisé. Désormais l'artillerie aura pour la guerre de campagne une seule bouche à feu, qui sera pour elle ce que le fusil est pour l'in-

fanterie, le sabre pour la cavalerie. Ainsi sim-
plifiée, elle deviendra d'un emploi facile et,
par suite, continuel ; l'infanterie à laquelle
rien ne peut suppléer et dont l'armement a
fait encore plus de progrès que celui de l'artillerie, restera toujours la vraie force des
armées, mais la cavalerie perdra de plus en
plus de son importance, comme elle n'a cessé
de le faire du reste depuis le moyen-âge.
C'est ainsi qu'un simple changement dans
les instruments de guerre peut avoir de graves conséquences, et modifier la composition
générale des armées.

L'unité de calibre pour l'artillerie de campagne est une idée trop juste, trop militaire
pour n'être pas admise par tout ce qui sait
un peu ce que c'est que la guerre, et combien
il importe d'avoir des attirails aussi simples
que possibles. Beaucoup d'adversaires du

canon-obusier ne font pas d'objections contre
cette unité et reconnaissent qu'elle doit être
une grande amélioration; seulement ils repoussent le calibre de **12**, trop faible selon
les uns, trop fort selon d'autres; mais ils ne
proposent pas un calibre différent, ne
formulent pas de système; rien n'indique
encore qu'on soit en voie de trouver mieux,
et ce n'est pas faute de chercheurs et d'inventeurs. Il y a bien, il est vrai, un officier
d'artillerie qui, dominé par l'idée de l'insuffisance de l'obus de 12^c, a songé au calibre du
canon de **24**, qui est à peu près de 13 centimètres, et au moyen duquel il voudrait simplifier encore plus que l'Emperur, en em-
ployant le même projectile comme boulet et
comme obus. Il se fonde sur ce que la puissance d'action des gaz produits par l'inflamma-
tion de la poudre étant en raison inverse de

l'espace dans lequel ils se développent, un projectile creux doit éclater même avec une épaisseur de parois telle qu'il puisse aussi servir comme boulet. Mais avec le calibre de 13ᶜ le projectile devrait peser au moins 9 kilogrammes, moitié en sus du poids du boulet de 12, qui est de 6 kil., et plus du double de celui de l'obus de 12ᶜ qui est à peu près de 4 kil. Un tel poids nécessiterait une charge, une bouche à feu, un affût, des approvisionnements bien autrement lourds que ceux du canon-obusier et du système actuel, et ce serait, sous ce rapport, revenir fort en arrière. Toutefois, l'idée d'augmenter l'épaisseur des parois des projectiles creux, peut sans inconvénient être appliquée, dans une certaine mesure, à l'obus de 12ᵉ; on obtiendrait ainsi plus de justesse et plus d'effet, et on aurait, au besoin, une sorte de boulet.

Les meilleures choses, les plus grands perfectionnements, ont toujours quelques côtés
faibles ; les idées nouvelles amènent inévita·
blement des inconvénients nouveaux. Que le
canon-obusier, supérieur au système actuel
en justesse, en puissance et en simplicité,
c'est-à-dire en tout ce qui fait la base essen-
tielle de toute machine de guerre, lui soit inférieur en quelques points accessoires, c'est
ce qui doit être, et ce qu'on ne cherche pas à
nier. Et puis, considéré en lui-même et en
dehors de toute question de système, le
nouveau matériel reste avec les mêmes im-
perfections de construction et de détail que
celui de 1827. Le trop grand éloignement du
but en blanc, 550 mètres environ, rend le
pointage difficile et le tir mal assuré aux petites distances. La prépondérance de la culasse n'est pas réglée de manière à empêcher

tout à la fois la pièce de saigner du nez, de peser sur la vis et de fouetter sur l'affût. La construction de l'affût ne permet pas un tir assez plongeant pour donner des feux courbes, si utiles en certains cas. Les voitures ont un trop grand tournant. Le bout du timon pèse sur les chevaux de derrière, les fatigue et les blesse. Ces défauts sur lesquels on n'insiste pas et qu'on se borne à rappeler n'ont qu'une importance secondaire, sauf le manque de feux courbes. Mais on peut remédier en partie à ce dernier inconvénient, soit en tirant l'obus à très-faibles charges, soit en se servant d'obusiers de montagne de 12^c ou de mortiers de même calibre, dont les batteries de réserve pourraient transporter un certain nombre, et qui, servant en quelque sorte comme bouches à feu portatives, ne rompraient pas l'unité du système. Il vaudrait mieux cependant essayer de modifier la construction de l'affût de la pièce de campagne.

On a cherché et l'on cherche encore à appliquer aux bouches à feu quelques-unes des dispositions au moyen desquelles on est parvenu, dans ces derniers temps, à donner tant de justesse et de portée aux armes à feu portatives : rayure de l'âme, projectiles forcés, projectiles à forme cylindro-ogivale, projectiles en plomb, chargement par la culasse, etc., etc. Mais l'accroissement de justesse et d'effet auquel on arriverait par cette voie et dont rien, dans l'état des choses, ne fait sentir la nécessité, serait loin de compenser les complications de mécanisme, de service et de fabrication par lesquelles il faudrait passer.

Les machines de guerre sont un des objets

dont s'occupe le plus volontiers la folle et malheureuse race des inventeurs de profession. Des gens, étrangers aux plus simples éléments des sciences, sachant à peine ce que c'est qu'un canon, un bastion, un vaisseau, rêvent aux moyens de perfectionner l'artillerie, la fortification, la marine, et font, en ce genre, les découvertes les plus extraordinaires, surtout les plus absurdes, et qui ne méritent pas la moindre attention. D'autres cherchent, par amour de l'humanité, des moyens de destruction tellement formidables que la guerre deviendrait par là même impossible. Le monde n'en est pas là; les progrès matériels n'arrêteront pas plus la guerre que ceux de la morale, si toutefois la morale fait des progrès, n'amèneront la concorde; partout et toujours les passions et les intérêts seront plus forts que toute force physique ou morale. Les instruments de guerre suivront, comme par le passé, la marche des sciences et des arts, et leur amélioration consistera bien moins à augmenter de puissance aux dépens de la simplicité, qu'à se simplifier sans rien perdre de leur puissance.

III

Artillerie de campagne et artillerie de siége. — Simplification de l'artillerie de siége. — Observations générales sur la guerre et la fortification, et sur les établissements et le personnel de l'artillerie.

L'artillerie de campagne et l'artillerie de siége, depuis leur séparation amenée par la nécessité d'alléger et de simplifier l'artillerie de campagne, ont conservé toutes deux le calibre de 12, mais pour un usage exceptionnel; limite supérieure de l'une, limite inférieure de l'autre, ce calibre a été leur point de partage ou, si l'on aime mieux, leur point de contact. L'artillerie de campagne l'adopte aujourd'hui comme calibre unique ; l'artillerie de siége sera peut-être amenée à faire de même, et il n'y aurait plus alors, comme autrefois, qu'une seule artillerie ; mais avec cette différence qu'au lieu d'une artillerie de campagne aussi compliquée, aussi lourde et aussi peu maniable que l'artillerie de siége, on aurait une artillerie de siége aussi simple et presque aussi légère que l'artillerie de campagne.

Gribeauval et les auteurs du système de 1827 ont amélioré l'artillerie de siége en même temps que l'artillerie de campagne et supprimé les calibres supérieurs à celui de 24, sans que ces améliorations aient amené aucun changement essentiel dans la guerre de siége. Mais, depuis quelques années, le tir en brèche ou l'art de renverser le revêtement des rem-

parts avec le canon a fait des progrès extraordinaires. De grandes expériences exécutées
à Metz en 1834 et 1844, et surtout à Bapaume
en 1847, et dont les importants résultats ne
paraissent pas avoir été encore appréciés
dans toutes leurs conséquences, ont démontré
que l'action de l'artillerie contre la fortification était bien autrement rapide et puis-
sante qu'on le pensait jusqu'alors. D'après ces
expériences :

Le canon peut, en cinq à six heures, renverser les revêtements actuels les plus solides;

Les calibres de 24, de 16 et de 12 sont à
peu près aussi efficaces l'un que l'autre; il
faut, avec chacun d'eux, la même quantité
de fonte et de poudre par mètre courant
d'escarpe à renverser; seulement le résultat
est un peu plus prompt avec le 24 ou le 16
qu'avec le 12;

La charge du tiers est préférable à celle de la moitié ; elle exige quelques boulets de plus, mais consomme notablement moins de poudre et ne détériore pas autant les pièces et les affûts ;

On peut faire brèche à la distance d'environ 200 mètres, même avec un tir oblique ;

On peut aisément et promptement terminer les brèches avec des boulets, quelle que soit la nature des terres du parapet ; l'emploi des obus n'est pas nécessaire.

Ces vérités, ignorées si longtemps mais bien constatées aujourd'hui, doivent grandement modifier la guerre de siége. L'assiégeant pouvant ouvrir les brèches de plus loin, par un tir direct ou oblique, ne sera plus forcé d'aller, par une série de longs et dangereux travaux, établir ses batteries. tout près et en face des escarpes, dans une posi-

tion fixée à l'avance et que connaît l'assiégé.
L'artillerie de siége s'allégera et se simplifiera; un seul calibre, celui de 12 peut-être,
lui suffira, tant pour les boulets que pour les
obus. Une armée pourra, dans bien des cas,
attaquer une place à l'improviste et en ouvrir
les remparts avec sa seule artillerie de campagne du calibre de 12, et d'ailleurs les équipages de siége pourront presque toujours
suivre les parcs de réserve.

De telles modifications dans le matériel,
dans l'emploi et dans l'action de l'artillerie;
l'accroissement si considérable de portée et
de justesse des armes à feu portatives; la
facilité et la rapidité des communications et
des transports par les chemins de fer; la pos-
sibilité de brusquer l'attaque des places, sont
de grandes nouveautés dont il est difficile
d'apprécier toutes les conséquences straté-

giques et tactiques, sans l'expérience d'une grande guerre, mais dont on peut prévoir quelques-unes. On se battra de plus loin ; les troupes légères seront plus nombreuses ; l'infanterie adoptera enfin la formation sur deux rangs ; la cavalerie aura plus rarement l'occasion d'agir ; l'artillerie, toujours indispensable contre les obstacles matériels et dans les terrains accidentés, sera moins nécessaire contre les troupes, et aura, plus que jamais, besoin de mobilité et de rapidité d'exécution. Les chemins de fer, très utiles à la stratégie par le transport rapide des troupes, des munitions et des vivres, seront sans influence sur la tactique, parce qu'ils ne seront jamais assez multipliés pour pouvoir servir sur le lieu même des combats (2). Les principes et les dispositions de la fortification actuelle devront être changés en partie. Les ingénieurs militaires n'ont pas encore tenu compte des progrès du tir des armes à feu portatives, et continuent à régler les longueurs des principales pièces de leurs tracés sur les anciennes données ; nouvel exemple de la lenteur des corps spéciaux à comprendre et à admettre les changements les plus indispensables. Mais en présence des progrès du tir en brèche, de la facilité et de la rapidité avec lesquelles on abat les escarpes, il faut que le génie trouve les moyens de les rendre plus solides. Les revêtements à voûtes en décharge paraissent offrir plus d'obstacles à l'action de l'artillerie que les revêtements pleins. Il y a à faire à ce sujet d'intéressantes expériences, dont l'idée est due à un des officiers les plus distingués du génie.

Par l'adoption de l'unité de calibre et le choix du calibre de 12 pour la guerre de campagne; par l'allégement et la simplification prochaine des équipages de siége; par les perfectionnements apportés chaque jour à la construction de tous les attirails; le matériel de l'artillerie subit ou va subir une transformation qui ne pourra manquer de réagir sur le personnel, de le simplifier aussi, et de rapprocher son organisation de celle de l'infanterie et de la cavalerie.

L'artillerie, outre son service de guerre, est chargée de la fabrication et de la conservation du matériel de toute l'armée; elle est ainsi une sorte de corps mixte, à la fois militaire et industriel. Les officiers d'artillerie, destinés tour à tour à servir dans les régiments, et à diriger, surveiller ou inspecter et même à construire des arsenaux, des fonderies, des forges, des manufactures d'armes, des poudreries, etc., devraient joindre à de grandes connaissances théoriques et pratiques une foule de qualités et d'aptitudes diverses dont la réunion est fort rare, et qui semblent même s'exclure. Les fabrications et constructions militaires ne sont que des affaires d'art et d'industrie qui n'ont rien de commun avec le métier des armes ; les faire exécuter par l'artillerie, c'est-à-dire par une partie de l'armée qui doit en même temps servir, agir et combattre comme toutes les autres, c'est prétendre que celui qui fait usage d'une chose en est le meilleur constructeur ; principe faux et appliqué exclusivement dans l'armée, où il reçoit d'ailleurs un grand démenti. L'infanterie et la cavalerie se servent-elles moins bien du fusil et du sabre qu'elle ne savent pas fabriquer, que l'artillerie ne se sert du canon qu'elle fond elle-même?

Il y a plus d'inconvénients que d'avantages

dans ces fonctions multiples et si différentes
les unes des autres d'un corps militaire, soit
pour le personnel même de ce corps, soit
pour le matériel de toute l'armée. Le temps,
nécessairement limité, que les officiers passent
dans les divers établissements est à peine
suffisant pour qu'ils connaissent bien ce qui
s'y fait, et ne leur permet pas d'en modifier
l'organisation, d'améliorer les procédés, de
perfectionner les mécanismes, en un mot, de
réaliser les idées heureuses qu'ils peuvent
avoir. Aussi ne trouve-t-on dans quelques-
uns de ces établissements, dans les fonderies
surtout, que des procédés anciens, défec-
tueux, barbares, pour ainsi dire, tant ils
sont peu en rapport avec l'état des arts in-
dustriels, et qui, n'enlevant rien peut-être
à la qualité réelle des objets fabriqués,
nuisent beaucoup à l'économie et à la

promptitude de la fabrication, et aussi à l'élégance des formes, qu'il ne faut pas plus dédaigner dans les attirails de guerre qu'en toute autre chose. Mais tout cela n'est, après tout, qu'un mal assez léger; ce qui est plus grave, c'est que, trop souvent et trop longtemps hors des régiments, les officiers désapprennent le métier des armes et sont surtout exposés à contracter des goûts sédentaires, à se laisser aller aux mollesses de la vie civile, à perdre l'esprit et les habitudes indispensables aux gens de guerre. C'est en effet ce qui arrive un peu, il est impossible de le nier; si les officiers des armes spéciales, malgré le savoir et malgré les grandes qualités qu'on trouve chez beaucoup d'entre eux, sont moins capables que les autres d'être chefs de corps, de commander des brigades et des divisions, d'être placés à la tête des armées, c'est qu'ils

ne sont pas assez habitués, dès le commencement de leur carrière, à commander et à
manier des troupes, et à pratiquer tout ce
qui fait la base même de la profession des
armes. Ne vaudrait-il pas mieux confier la
fabrication et l'entretien du matériel à un
corps particulier et non combattant, tel que
l'intendance ou l'état-major des places? Le
personnel de l'artillerie ne gagnerait-il pas
beaucoup, sous le rapport militaire, à n'être
composé, comme l'infanterie et la cavalerie,
que de combattants?

L'École polytechnique fournit à l'artillerie
la majeure partie de ses officiers, les deux
tiers à peu près. Comme institution militaire,
cette école célèbre mérite-t-elle sa réputation?
Cela est fort douteux pour quiconque examine
les choses sans préventions politiques ou
autres, dans le seul intérêt de l'armée et au

point de vue du genre d'instruction et surtout d'éducation le plus convenable pour des jeunes gens destinés à la vie militaire? L'École d'application de l'artillerie et du génie ne pourrait-elle se recruter autrement que par l'École polytechnique? C'est une opinion assez répandue dans ces deux armes, et il ne faut pas trop s'en étonner (3).

Mais l'état de choses actuel a pour lui une longue durée et tient à des habitudes, des intérêts, des préjugés qu'il ne faut pas heurter de front. Laissons donc là ces graves et délicates questions, qu'on ne peut traiter en passant, et dont l'examen et la discussion demandent de longs et sérieux développements, et des précautions et des ménagements de toute nature. On ne les a signalées que parce qu'elles peuvent être agitées prochainement par suite des grandes modifications que va subir le matériel de l'artillerie. Le seul but de ce petit écrit est de faire apprécier les avantages du canon-obusier de 12, et d'indiquer les conséquences générales les plus probables de son adoption et la voie dans laquelle elle semble engager l'artillerie. Ce n'est nullement par un vain amour d'innovation qu'on préconise ce nouveau système, mais parce qu'il se présente comme la plus simple en même temps que la plus complète des améliorations indiquées par la théorie et, ce qui vaut mieux, par la pratique. Simplifier n'est pas détruire; tout en renouvelant l'artillerie, ce système en conserve les bonnes traditions, et n'est que la continuation de ses progrès successifs. Le moment n'est pas loin peut-être où les armées de l'Europe se rencontreront; l'armée, pourvue du nouveau matériel, aura un grand avantage, et

l'on verra que Napoléon III a été aussi sage-
ment hardi et aussi habile en artillerie qu'en
politique.

FIN.

NOTES.

(1) PAGE 32.

Les effets varient très peu pour des charges et des longueurs d'âme notablement différentes; il y a donc très grand avantage, on peut même dire nécessité à ne pas dépasser certaines limites telles que le quart du poids du boulet pour la charge, et la longueur d'environ 15 calibres pour l'âme.

La vitesse initiale du boulet de 12 est de 491 mètres avec la charge du tiers; à 50 mètres, elle n'est plus que de 462 mètres, ce qui est précisément la vitesse initiale donnée par la charge du quart. Ainsi, le boulet de 12, lancé à la charge du quart, est dans les mêmes conditions que s'il part de 50 mètres plus loin à la charge du tiers.

Le tir de toutes les bouches à feu n'a plus de justesse au-delà de 1,200 mètres.

La portée extrême du boulet de 12, tiré à la charge de la moitié et sous un angle de 30 degrés, est de 3,500 mètres parcourus en 29 secondes.

La portée extrême du tir à balles de la pièce de 12 est d'environ 1,200 mètres aux charges du tiers et du quart.

A la charge du quart, la pénétration du boulet de 12 dans la maçonnerie de bonne qualité est, à 100 mètres, de 42 centimètres, et, à 1,000, de 14 ; elle est plus grande d'un quart dans la maçonnerie de médiocre qualité ; de trois quarts dans la maçonnerie de briques.

Dans les bois durs elle est, à 100 mètres, de 102 centimètres, et, à 1,000, de 34 ; elle est à peu près double dans les bois blancs.

Dans les terres rassises, moitié sable et moitié argile, elle est, à 100 mètres, de 142 centimètres, et, à 1,000, de 86 ; elle est de moitié en sus dans les terres légères, et presque double dans les terres nouvellement remuées.

(2) PAGE 52.

On raisonne beaucoup sur l'utilité militaire des chemins de fer, et les opinions sont fort divergentes. Il est est encore impossible d'assigner d'une manière précise le rôle de ces nouvelles voies de communication, mais ce rôle finira par être tout à l'avantage du nombre, en donnant aux grands Etats le moyen de réunir facilement toutes leurs ressources, et en permettant aux armées nombreuses de se concentrer rapidement. Désormais les petits Etats ne pourront plus, comme autrefois, résister à des voisins puissants; ils seront absorbés, et la carte de l'Europe se simplifiera. Avec les chemins de fer, la marine à vapeur, le télégraphe électrique et une centralisation bien entendue, on peut gouverner et administrer les pays les plus vastes et les plus peuplés, et faire mouvoir les masses les plus formidables; les conducteurs des grandes nations et des grosses armées décideront ainsi des destins du monde entier.

(3) PAGE 59.

L'enseignement, le régime et l'esprit de l'Ecole poly-technique sont peu propres au développement des qualités militaires qui, chez les officiers des armes dites savantes, aussi bien que chez tous les autres, doivent passer avant tout. Ils forment des savants théoriciens plutôt que des militaires instruits; des Poncelet, des Piobert, des Morin, dont l'armée n'a trop que faire, plutôt que des Vauban, des Cormontaigne, des Gribeau-val, des Valée, qui lui sont indispensables. Une instruction scientifique trop étendue est, pour les gens de guerre, un luxe au moins inutile s'il n'est pas nuisible. On n'améliore pas plus les vraies et essentielles quali-tés des armées en exigeant des officiers de toutes armes et de tous grades une foule de connaissances étrangères à la profession, qu'en forçant les soldats à apprendre à lire, écrire et compter.

BIBLIOTHÈQUE IMPÉRIALE

TABLE.

1556 Paris, Typographie MAULDE et RENOU, rue de Rivoli, 114.

www.ingramcontent.com/pod-product-compliance
Lightning Source LLC
Chambersburg PA
CBHW051244030726

47595CB00003B/1074